AF313729

Vente des 15 et 16 Mai 1889
(SALLES SILVESTRE)

CATALOGUE

DE

LIVRES ANCIENS

ET MODERNES

PROVENANT

DE LA BIBLIOTHÈQUE DU CHATEAU DE P***

ELZEVIERS EN RELIURES ANCIENNES
CH. BLANC. HISTOIRE DES PEINTRES. — BARONIUS. ANNALES
ECCLESIASTICI. — GALLIA CHRISTIANA
CONCILE ŒCUMÉNIQUE DE 1869. — ACTA SANCTORUM
MONITEUR UNIVERSEL, ETC. ETC.

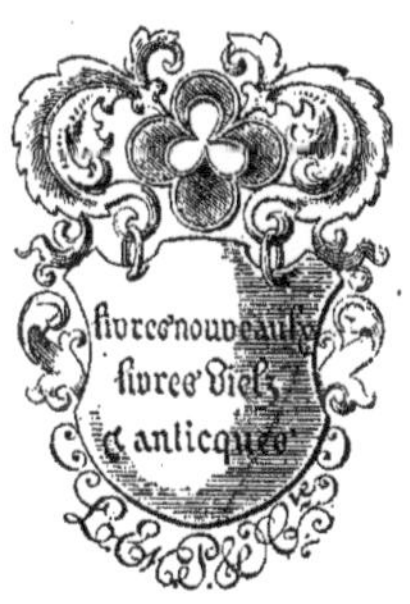

PARIS

LABITTE, ÉM. PAUL ET Cie

LIBRAIRES DE LA BIBLIOTHÈQUE NATIONALE

4, RUE DE LILLE, 4

SUCCURSALE ET SALLES DE VENTES AUX ENCHÈRES
28, rue des Bons-Enfants (Ancienne Maison Silvestre)

1889

LA VENTE AURA LIEU

Les Mercredi 15 et Jeudi 16 Mai 1889

à huit heures précises du soir

A LA SUCCURSALE DE LA LIBRAIRIE LABITTE, ÉM. PAUL ET Cⁱᵉ

28, rue des Bons-Enfants (Ancienne Maison Silvestre)

SALLE Nᵒ 1

Par le Ministère de Mᵉ **MAURICE DELESTRE**, Commissaire-Priseur

27, RUE DROUOT

Assisté de **M. ÉMILE PAUL**, libraire-expert

4, RUE DE LILLE

ORDRE DES VACATIONS

Numéros.

PREMIÈRE VACATION. — *Mercredi* 15 *Mai* 1889 (Salle nᵒ 1).   1 à 146

DEUXIÈME VACATION. — *Jeudi* 16 *Mai* 1889 (Salle nᵒ 3). — Livres en lots.

CONDITIONS DE LA VENTE

La vente se fait expressément au comptant.

Les acquéreurs payeront 5 p. 100 en sus des enchères, applicables aux frais.

Il y aura exposition le jour de la vente, de 2 à 4 heures.

Les livres devront être collationnés dans les vingt-quatre heures de l'adjudication. Passé ce délai, ou une fois sortis de la salle de vente, ils ne seront repris pour aucune cause.

M. ÉMILE PAUL, chargé de la vente, remplira les commissions des personnes qui ne pourraient y assister.

CATALOGUE

DE

LIVRES ANCIENS

ET MODERNES

PROVENANT DE

LA BIBLIOTHÈQUE DU CHATEAU DE P...

THÉOLOGIE 

1. Bibliorum sacrorum vulgatæ versionis. *Parisiis, Didot,* 1784-85, 8 vol. in-8, demi-rel. v. gris avec coins, tr. marb.
   De la Collection des *Auteurs classiques françois et latins.*

2. La Sainte Bible, traduite sur les textes originaux avec les différences de la Vulgate. *Cologne, aux dépens de la Compagnie,* 1739, in-12 à 2 col. front. mar. r. jans. tr. dor. (*Rel. anc.*)

3. Davidis regis ac prophetæ Psalmorum liber. Ad exemplar complutense (græce et latine). *Antverpiæ, ex officina Chr. Plantini,* 1584, pet. in-8, mar. r. fil. et comp. dor. tr. dor. (*Rel. anc.*)

4. Le Pseautier de David, traduit en français, avec des notes. *Paris, Josse,* 1729, in-12, front. mar. r. jans. tr. dor. (*Rel. anc.*)

5. Novum Jesu Christi Testamentum. *Parisiis, e typographia regia,* 1649, 2 vol. in-12, front. mar. r. fil. à fr. tr. dor. (*Rel. anc.*)

6. Le Nouveau Testament de N. S. Jésus-Christ, traduit sur l'ancienne édition latine avec des remarques et critiques, etc.

Trévoux, Ganeau, 1702, 4 tomes en 2 vol. pet. in-8, front. mar. r. jans. tr. dor. (*Rel. anc.*)

Cette traduction et les notes sont de Richard Simon. Bossuet a composé deux instructions pastorales pour en faire connaître l'hétérodoxie. Bel exemplaire réglé.

7. Diurnale parisiense. *Parisiis*, 1736, 2 vol. in-12, musique notée, mar. r. dent. doublé de tabis bleu, tr. dor. (*Rel. anc.*)

Pars æstiva. — Pars hiemalis.

8. L'Office de la quinzaine de Pasque, latin-françois, pour la maison de M. le duc d'Orléans. *Paris, d'Houry*, 1742, in-8, front. mar. r. fil. tr. dor. (*Rel. anc.*)

Exemplaire aux armes de Louis d'Orléans, fils du Régent.

9. Divi Aur. Augustini Hippon. episcopi Meditationes, soliloquia et manuale. Meditationes B. Anselmi cum tractatu de humani generis redemptione; D. Bernardi Idiotæ viri docti de Amore divino; omnia emendata et in meliorem ordin. distributa opera H. Sommalii. *Coloniæ Aggripinæ, Cornelius ab Egmondt*, 1637, in-24, titre gr. mar. r. fil. tr. dor. (*Rel. anc.*)

10. Sanctorum presbyterorum Salviani Massiliensis et Vencentii Lirinensis Opera. St. Baluzius emendavit, notisque illustravit. *Parisiis, Muguet*, 1669, in-8, mar. r. fil. (*Rel. anc.*)

Exemplaire aux armes et au chiffre de J.-B. Colbert.

11. Relation du pays de Jansénie où il est traité des singularitez qui s'y trouvent, des coutumes, mœurs et religion de ses habitants, par Louys Fontaines, sieur de Saint-Marcel. *Paris, D. Thierry et Cl. Barbin*, 1660, in-8, pl. gravée, v. ant. gran. fil. armoiries sur les plats.

Curieux ouvrage dirigé contre les Jansénistes (Janséniens); la Jansénie est placée entre la Désespérie, la Libertinie et la Calvinie. Raccommodage à la grande planche représentant la Jansénie.

12. Les Sainctes Prières de l'âme chrestienne, escrites et gravées après le naturel de la plume, par F. Moreau. A Paris, 1649. *Paris, Hénault, s. d.* pet. in-8, texte gr. avec bordures et vign. mar. r. fil. et comp. dor. tr. dor. (*Rel. anc.*)

13. Formulaire de prières à l'usage des pensionnaires religieuses ursulines. *Paris, De Hansy*, 1788, in-12, front. mar. r. dos orné, fil. tr. dor. (*Rel. anc.*)

14. L'Alcoran de Mahomet. Translaté d'arabe en françois,
par le sieur Du Ryer, sieur de La Garde Malezair. *Jouxte la
copie imprimée à Paris, chez Antoine de Sommaville*, 1649,
pet. in-12, v. f. ant. fil. tr. dor.

> Jolie contrefaçon sortie des presses de Janson, de l'édition elzevi-
> rienne sous la même date.
> Hauteur : 130 mill.

SCIENCES ET ARTS

15. Divini Platonis operum a Marsilio Ficino tralatorum, to-
mus tertius, continens quaternitatem quintam et sextam.
Lugduni, J. Tornæsius, 1550, in-16, réglé, v. brun ant. fil.
à fr. comp. dor. tr. dor. (*Rel. de l'époque.*)

16. M. Tullii Ciceronis de Officiis libri tres. Cato major. Læ-
lius. Paradoxa stoicorum. Somnium Scipionis. *Lugd. Bata-
vor. ex officina Elzeviriana*, 1642, in-12, mar. r. fil. et comp.
dor. tr. dor. (*Rel. anc.*)

> Jolie édition recherchée. Ce volume forme le tome IX des Œuvres.
> A la suite se trouve relié : J. Schildi Exercitationes in C. Taciti
> ann. XV. ubi extrema Senecæ describuntur. *Lugd. Batavorum, apud
> Fr. Hackium*, 1645. pet. in-12, titre gr.
> Hauteur : 127 mill.

17. M. Tulli Cicero de officiis ad Marcum filium. *Lutetiæ, ty-
pis Barbou*, 1773, in-64, front. mar. r. fil. tr. dor. (*Rel. anc.*)

18. De la Sagesse. Trois livres, par Pierre Charron. Suivant la
vraye copie de Bourdeaux. *Amsterdam, chez Louys et Daniel
Elzevier*, 1662, pet. in-12, front. v. ant. marb. tr. dor.

> Hauteur : 131 mill.

19. Hieronymi Cardani Mediolanensis Proxeneta, seu de Pru-
dentia civili liber. Recens in lucem protractus : vel e tene-
bris erutus. *Lugd. Bat. ex officina Elzeviriana*, 1627, pet.
in-12, titre gr. mar. r. dos orné, fil. et comp. dor. tr. dor.
(*Rel. anc.*)

> Exemplaire réglé. Hauteur : 123 mill.

20. La Réforme sociale, publiée par un groupe d'Économistes
sous le patronage de M. F. Le Play. *Paris*, 1881-1885, in-8,
en fascicules.

> Les cinq premières années.

21. Œuvres complètes de Buffon. *Paris, Imprimerie royale*,
1774-1789, 30 vol. in-4, fig. en noir, v. ant. marb. fil.

> Histoire naturelle générale, 6 vol. — Quadrupèdes, 8 vol. — Oiseaux,
> 9 vol. — Minéraux, 5 vol. — Ovipares et Serpents, 2 vol.

22. Bulletin de la Société zoologique d'Acclimatation fondée
le 12 février 1854. *Paris, Goin*, 1854-1864, 11 vol. in-8, fig.
demi-rel. v. gris.

23. La Dissection des parties du corps humain divisée en trois
livres, faictz par Charles Estienne, docteur en médecine,
avec les figures et déclaratiõ des inventions, composées
par Est. de La Rivière, chirurgien. *Paris, Simon de Colines*,
1546, in-fol. fig. sur bois, bas. ant.

> Belle édition.

24. L'ART DE CONNAÎTRE LES HOMMES par la physionomie, par
Gaspard Lavater. Nouvelle édition, revue et augmentée par
M. Moreau. Ornée de plus de 600 gravures par M. Vincent.
Paris, Depélafol, 1820, 10 vol. in-8, portr. fig. demi-rel.
mar. r. non rog. (*Thouvenin jeune.*)

25. Curiositez inouyes, hoc est : Curiositates inauditæ de
figuris Persarum talismanicis, horoscopo patriarcharum
et characteribus cœlestibus J. Gaffarelli, latine, cum notis
quibusdam ac figuris editæ, opera M. Greg. Michaelis.
Hamburgi, 1676, 2 tomes en 1 vol. pet. in-8, fig. vélin.

> Ouvrage curieux et rare.

26. Histoire pittoresque de l'Équitation ancienne et moderne,
par Charles Aubry, professeur à l'École royale de cavalerie.
Paris, Motte, s. d. (1835), gr. in-fol. planches lithogr. demi-
rel. bas. verte.

BEAUX-ARTS

27. HISTOIRE DES PEINTRES DE TOUTES LES ÉCOLES depuis la Renaissance jusqu'à nos jours, publiée sous la direction de M. Charles Blanc. *Paris*, 1862-1877, 14 vol. in-4, fig. dont 9 en demi-rel. chag. r. avec coins, et 5 en feuilles.

> École française, 3 vol. — École flamande, 1 vol. — École anglaise, 1 vol. — École espagnole, 1 vol. — École hollandaise, 2 vol. — Écoles italiennes, 6 vol.

28. Dictionnaire général des artistes de l'École française depuis l'origine des arts du dessin jusqu'à nos jours, par Em. Bellier de La Chavignerie et L. Auvray. *Paris, Renouard*, 1882, fort vol. in-8 à 2 col. br.

> Tome ..

29. LA RENAISSANCE DES ARTS A LA COUR DE FRANCE. Études sur le xvi⁰ siècle, par le comte de Laborde. *Paris, Claye*, 1850-1855, 2 vol. in-8, demi-rel. bas. viol. et br.

> Très rare.
> Exemplaire avec un envoi autographe de l'auteur.

30. Théophile Gautier. Notices pour ventes artistiques, 1867-1872, 11 br. in-8.

> Ventes : Kalil-Bey, Ingres, d'Espagnac, Clesinger, Comte, Edward, B. de Francesco, De Villafranca, etc.
> Toutes ces notices sont en ÉDITIONS ORIGINALES.

31. Tableaux historiques de la vie humaine. Emblèmes chrétiens. *S. l. n. d.* in-8, cart.

> Réunion de 74 planches gravées au xvi⁰ siècle, coupées au cadre et remontées.

32. Le Martyre des douze Apôtres, inventé et gravé par Jacques Callot. *Se vend à Paris, chez Pasquier, s. d.* in-12.

> Suite de 1 titre et 13 planches gravés.

33. Estampes, figures, vignettes, etc. des xviii⁰ et xix⁰ siècles. — 4 albums in-fol. demi-rel. chag. vert.

> Recueil factice d'environ 1083 pièces détachées.

34. Épreuves des costumes projetés par David (gravures de
Denon). — 98 planches in-fol. en feuilles.

> *Le Législateur en fonction*, épreuve en noir.
> *Officier municipal avec l'écharpe*, épreuve en noir.
> *Représentant du peuple aux armées*, épreuve en noir et épreuve co-
> loriée.
> *Le Citoyen françois dans l'intérieur*, épreuve en noir et 29 épreuves
> coloriées.
> *Habit civil du citoyen français*, 2 épreuves en noir et 58 épreuves
> coloriées.
> *Représentant du peuple en fonction*, épreuve en noir.
> *Habit militaire*, 1 épreuve en noir et 2 épreuves coloriées.

35. Album comique de pathologie pittoresque. Recueil de
vingt caricatures médicales dessinées par Aubry, Chazal,
Colin, Bellanger et Pigal. *Paris, Tardieu*, 1823, in-4 obl.
planches lithogr. en couleur, demi-rel. chag. viol.

36. Les Modes parisiennes. Keepsake des dames. *Paris, Aubert*, 1844-1846, 3 vol. gr. in-8, planches en couleur, cart.
de l'éditeur.

> Première, deuxième et troisième années.

37. The Comic Almanach. Illustrations of the months by G.
Cruikshank. *London, Tilt*, 1835 à 1851, 15 vol. in-12,
fig. br.

> Les années 1842 et 1849 manquent.

38. The Sporting Alphabet drawn and etched by H. Heath.
London, Tilt, s. d. in-12, cart.

> Titre et 23 planches en couleur.

39. Henri Rochefort (Grimsel). Fantasia. Dessins de Caran
d'Ache. *Paris, Librairie moderne*, 1888, in-8, fig. br. couverture illustrée.

40. Monographie du château de Heildeberg, dessinée et gravée
par Rodolphe Pfnor, accompagnée d'un texte historique et
descriptif par Daniel Ramée. *Paris, Morel*, 1859, in-fol.
texte, planches gravées, en feuilles, dans un carton.

40 *bis*. Monographie de Palais de Fontainebleau, dessinée et
gravée par Rodolphe Pfnor, accompagnée d'un texte historique et descriptif par M. Champollion-Figeac. *Paris,
A. Morel*, 1862, in-fol. en feuilles.

> 133 planches gravées, sans texte.

BELLES-LETTRES

I. POÉSIE

41. Joannis Cheradami Sagiensis, introductio sane quam utilis græcarum musarum adepta cõpendio ingredi cupientibus. *Parisiis, veneunt in ædibus Ægidii Gormontij*, 1527, pet. in-8 de 7 ff. non chiff. et 1 f. blanc, titre avec encadr. cart.

> Etude sur l'alphabet grec, l'article et les principales abréviations.

42. Q. Horatii Flacci Opera. *Parisiis, e typographia regia*, 1733, in-16, mar. r. fil. à fr. doublé de tabis vert, tr. dor. (*Rel. anc.*)

43. Pub. Ovidii Nasonis Opera. D. Heinsius textum recensuit. Accedunt breves notæ Scaligeri et Jani Gruteri. *Lugd. Batavorum, ex officina Elzeviriana*, 1629, 3 vol. in-16, titre gr. vélin ant. à recouvr.

> Jolie édition rare et recherchée. Hauteur : 127 mill.
> On a joint un 4ᵉ volume de reliure uniforme, mais un peu plus court, contenant : *Nic. Heinsii Notæ in Metamorphoses P. Ovidii Nasonis*, 465 pp.

44. Pub. Ovidii Nasonis Metamorphoseon libri XV, notis illustrati opera et studio Th. Farnabii. *Parisiis, Morellus*, 1637, pet. in-fol. fig. v. ant. marb.

> Le frontispice porte : *Ovid's Metamorphosis englished mythologiz'd and represented in figures by G. S. 1632.*
> Raccommodages à quelques planches.

45. Elégies de Tibulle (avec des notes et des recherches de mythologie, d'histoire et de philosophie, etc.) par Mirabeau, avec quatorze figures. *A Paris, rue Saint-André-des-Arts, an VI*-1798, 3 vol. in-8, portr. et fig. de Borel, cart. non rog.

> Exemplaire sur PAPIER VÉLIN.

46. M. Annæi Lucani Pharsalia, sive de Bello civili Cæsaris et Pompei lib. X. Ex emendatione V.-C. Hug. Grotii. *Amsterodami, apud G. Janssonium*, 1619, in-32, titre gr. mar. r. fil. tr. dor. (*Rel. anc.*)

> Exemplaire réglé.
> Hauteur : 109 mill.

47. M. Annæi Lucani Pharsalia, sive de Bello civili Cæsaris et
Pompeji lib. X. Additæ sunt in finem H. Grotii notæ, et Tho-
mæ Farnabii in margine, etc. *Amsterodami, Blaeu*, 1643,
in-12, titre gr. mar. olive à long grain, fil. tr. dor.

Hauteur : 132 mill. 1/2.

48. Pub. Papinus Statius denuo ac serio emendatus. *Amsterodami, apud J. Janssonium*, 1630, in-32, titre gr. mar. r. fil.
fleuron avec chiffre, tr. dor. (*Rel. anc.*)

Taches à la reliure.

49. Marcelli Palingenii Stellati, Zodiacus vitæ, hoc est de
hominis vita, studio ac moribus optime instituendis libri XII,
etc. *Basileæ, apud Nic. Brylingerum*, 1548, in-16, v. f. ant.

50. Johannis Secundi Opera, accurate recognita ex museo
P. Scriverii. *Lugduni Bavatorum, apud Franc. Hegerum*, 1631,
pet. in-12, titre gr. v. f. ant. fil.

Exemplaire aux armes du comte d'Hoym.
Hauteur : 124 mill.

51. Epigrammatum J. Oweni, editio postrema, correctissima
et posthumis quibusdam aucta. *Amsterodami, apud Lud.
Elzevirium*, 1647, in-18, titre gr. portr. mar. r. fil. à fr.
tr. dor. (*Rel. anc.*)

Édition recherchée, la PREMIÈRE et la plus belle des trois parues sous
cette date. (Willems, *les Elzevier*, n° 1051.)
Hauteur : 97 mill.

52. Clément Marot (ses Œuvres). *Lyon, Jean de Tournes*, 1573,
in-16 de 13 ff. prél. 597 et 178 pp. portr. fig. sur bois, vélin.

Les *Traductions* ne contiennent pas les Psaumes.
Tache sur le titre.

53. Evvres de Lovïse Labé, Lionnoize. *A Lion, par Dvrand et
Perrin*, 1824, in-8, br.

Édition faite aux frais d'une société de gens de lettres et de biblio-
philes de Lyon, tirée à très petit nombre.

54. Les Satyres et autres œuvres du sieur Regnier, augmentés
de diverses pièces cy-devant non infirmées. *A Leiden, chez
J. et Dan. Elsevier*, 1652, pet. in-12, vél.

Édition rare et recherchée.
Hauteur : 122 mill.

55. Fables de La Fontaine, avec figures gravées par MM. Simon et Coiny. *Paris, Bossange, Masson et Besson, an IV (1796)*, 4 vol. in-8, fig. cart.

56. Fables de La Fontaine, illustrées par J.-J. Grandville. Nouvelle édition. *Paris, Fournier*, 1838, 2 vol. in-8, front. sur chine volant, fig. sur chine, demi-rel. chag. vert avec coins, fil. ébarbé.

PREMIER TIRAGE.

57. OEuvres de M. Boileau Despréaux, avec des éclaircissements historiques donnez par lui-même. *Genève, Fabri et Barillot*, 1716, 2 vol. in-4, portr. par Rigaud, fig. par Chéreau, v. ant. marb.

58. Les OEuvres de M. Boileau Despréaux avec des éclaircissements historiques. *Paris, Alix*, 1740, 2 vol. in-4, portr. vign. et culs-de-lampe, v. ant. marb.

59. Chansonnier historique du xviii⁰ siècle, publié avec introduction, commentaires, notes et index par Émile Raunié, orné de portraits à l'eau-forte par Rousselle. *Paris, Quantin*, 1879-1884, 9 vol. in-12, pap. de Holl. portr. br.

Tomes I à IX.

60. CHANTS ET CHANSONS POPULAIRES DE LA FRANCE. *Paris, Delloye et Garnier*, 1843, 3 vol. in-8, texte et fig. gravés, demi-rel. chag. violet, tr. marb.

PREMIER TIRAGE. Les couvertures illustrées ont été recollées sur les plats des volumes.

II. THÉATRE. — ROMANS

61. Comicorum græcorum sententiæ, id est gnomæ latinis versibus ab H. Stephano redditæ et annotationibus illustratæ, etc. *S. l. excudebat Henr. Steph.* 1569, in-32 allongé, mar. r. comp. dor. tr. dor. (*Rel. anc.*)

Curieuse reliure à compartiments dorés, style oriental.

62. Terentius. *Parisiis, ex officina R. Stephani*, 1526, in-8, v. ant. gran.

Édition rare; elle se compose de 9 ff. prél. 136 ff. chiff. et 7 ff. pour l'errata et les arguments de Ph. Melanchton.

63. OEuvres de P. Corneille, avec les notes de tous les commentateurs. *Paris, Techener (typogr. de Firmin Didot frères)*, 1854-1855, 12 vol. in-8, br.

> Exemplaire sur GRAND PAPIER DE HOLLANDE, rare.

64. Roland, tragédie, mise en musique par feu M. de Lully. Seconde édition, gravée par H. de Baussen. *Paris*, 1709, in -fol. de 2 ff prél. et 233 pp. texte et musique, gr. vign. mar. r. dos orné, fil. tr. dr. (*Rel. anc.*)

65. Les Comédiens du roi de la troupe italienne pendant les deux derniers siècles, par Em. Campardon. *Paris, Berger-Levrault*, 1880, 2 vol. in-8, br.

66. Victor Hugo. Torquemada, drame, *Paris, Calmann Lévy*, 1882, in-8 cart. dos de perc. non rog.

> ÉDITION ORIGINALE.

67. Le Supplice d'une femme, drame, par Émile de Girardin. Deuxième édition. *Paris, Michel Lévy frères*, 1865. — Histoire du supplice d'une femme, réponse à M. Em. de Girardin par Alex. Dumas fils. *Paris, Michel Lévy frères*, 1865. — Ens. 2 ouvrages en 1 vol. in-8, cart. dos de perc. non rog.

68. Aventures de Télémaque, par Fénelon. *Paris, Techener*, 1853, 2 vol. in-8, vignettes, br.

> Exemplaire sur PAPIER DE HOLLANDE, rare.

69. Chronique du t emps de Charles IX, par l'auteur du Théâtre de Clara Gazul (Prosper Mérimée). *Paris, Mesnier*, 1829, in-8, cart. non rog.

> ÉDITION ORIGINALE.

70. Sakontala à Paris, roman de mœurs contemporaines, par Eusèbe de Salle. *Paris, Gosselin*, 1833, in-8, fig. cart. non rog. couverture.

> ÉDITION ORIGINALE.

71. Voyages de Gulliver dans des contrées lointaines, par Swift. Édition illustrée par Grandville. Traduction nouvelle. *Paris, Furne et Fournier*, 1838, 2 vol. in-8, demi-rel. v. vert, tête dor.

> PREMIER TIRAGE.

III. FACÉTIES. — CRITIQUES. — PROVERBES
POLYGRAPHES

72. Histoire du roi de Bohême et de ses sept châteaux (par Charles Nodier). *Paris, Delangle*, 1830, in-8, fig. cart. non rog.

    PREMIER TIRAGE.
    Ouvrage orné de 50 vignettes dessinées par Tony Johannot et gravées par Porret.

73. Paradoxes, ce sont propos contre la commune opinion, debattuz en forme de déclamation forēses : pour exerciter les jeunes esprits en causes difficiles. Reveuz et corrigez pour la seconde fois. *Paris, Charles Estienne*, 1554, pet. in-8, mar. vert, dent. tr. dor. (*Rel. anc.*)

    Imitation par Charles Estienne des *Paradossi* d'Ortensio Landi. Cette édition est la troisième, d'ailleurs semblable à la seconde.
    Taches sur un des plats de la reliure.

74. Adagiorum Des. Erasmi Roterodami Chiliades quatuor cum sesquicenturia. Quibus adjectæ sunt H. Stephani animadversiones... *Parisiis, Sonnius*, 1579, in-fol. v. f. ant.

75. Cours de littérature ancienne et moderne, par J.-F. La Harpe. *Paris, Dupont et Le Dentu*, 1826, 18 vol. in-8 demi-rel. v. gris.

    Bel exemplaire non rogné.

76. Pétrone latin et françois, traduction entière suivant le manuscrit trouvé à Belgrade en 1688, avec plusieurs remarques et additions (par Nodot). *S. l.* 1698, 2 vol. in-8, front. fig. v. f. ant. tr. dor.

    Bel exemplaire.

---

77. Les OEuvres morales et meslées de Plutarque, translatées du grec en françois par messire Jaques Amyot. *Paris, Vascosan*, 1572, in-fol. v. ant.

    PREMIÈRE ÉDITION. Reliure très fatiguée.

78. Opera M. Tullii Ciceronis. *Parisiis, Carolus Stephanus*, 1555, 4 vol. in-fol. v. ant. marb.

79. M. Tullii Ciceronis opera, cum optimis exemplaribus accurate collata. *Lugd. Batavorum, ex officina Elzeviriana,* 1642, 10 vol. pet. in-12, vélin à recouvr.

> Bel exemplaire de cette édition recherchée qui est faite sur le texte de Gruter.
> Hauteur : 135 mill.

80. Œuvres complètes de Rollin, nouvelle édition accompagnée d'éclaircissements historiques, par M. Letronne. *Paris, Firmin Didot,* 1821-1825, 30 vol. in-8, demi-rel. v. br. et atlas in-4, cart.

81. Mélanges d'histoire d'archéologie et de bibliographie, de MM. Léopold Delisle, Foucart, Hauréau, Edm. Le Blant, Nisard, Wallon, etc., 44 brochures in-4 et in-8.

82. Collection d'auteurs latins. *Cantabrigiæ, Tonson,* 1699-1701, 3 vol. in-4, v. ant.

> Horace. — Virgile. — Térence. On a joint les Œuvres de Virgile. *Birminghamiæ, Baskerville,* 1757, in-4, v. f. ant.

83. Bibliothèque Charavay frères. Ouvrages divers. *Paris,* 1882-1883, 6 vol. pet. in-8, br.

> Diogène le Chien, par P. Hervieu. — Mme Caliban, par Alfr. Bonsergent. — La Dame d'Entremont, par Ern. d'Hervilly. — La Terre natale, par le baron Lafond de Saint-Mur. — Nouvelles parisiennes, par Ph. Chasseron. — Souvenirs de la Commune, 1871, par Edg. Monteil.

84. Annales romantiques. Recueil de Morceaux choisis de littérature contemporaine. *Paris, Janet,* 1835, in-16, fig. gravées, cart. non rog.

> Mélanges de MM. Aug. Barbier, Barthélemy, Chateaubriand, André Chénier, Ed. Danglemont, Em. Deschamps, Th. Gautier, Alph. Karr, X. Marmier, Ch. Nodier, etc.

HISTOIRE

I. VOYAGES. — HISTOIRE DES RELIGIONS
HISTOIRE ANCIENNE

85. Description de l'Univers, par Allain Manesson Mallet. *A Paris, chez Denys Thierry,* 1683, 4 vol. in-8, fig. et cartes, v. f. ant. fil.

> Exemplaire aux armes de Brehan de Plélo.

86. Voyage pittoresque de la Grèce (par le comte de Choiseul-Gouffier). *Paris*, 1782-1825, 2 tomes en 3 vol. in-fol. planches gravées, cartes, cart. non rog.

> Belle publication qui fut interrompue par les événements de la Révolution.

87. Journal d'un voyage en Orient, par le comte J. d'Estourmel. *Paris, Crapelet*, 1844, 2 vol. gr. in-8, fig. en lithogr. cart. ébarbé.

88. Voyages et découvertes dans l'Afrique septentrionale et centrale pendant les années 1849 à 1855, par le Dr Henri Barth, traduction de l'allemand par P. Ithier. *Paris, Bohné*, 1860-1861, 4 vol. in-8, fig. et cartes, br.

89. Voyage dans la haute Pensylvanie et dans l'État de New-York, par un membre actif de la nation Onéida; traduit et publié par l'auteur des *Lettres d'un cultivateur américain* (J. Hect Saint John Crève-Cœur). *Paris, Maradan*, 1801, 3 vol. in-8, cart. non rog.

> Exemplaire sur papier vélin.

90. Voyage au pôle sud et dans l'Océanie sur les corvettes l'Astrolabe et la Zélée pendant les années 1837-1840, sous le commandement de M. J. Dumont d'Urville. *Paris, Gide*, 1841-1853, 19 vol. in-8, cart. et 1 atlas gr. in-fol. demi-rel.

> Relation du voyage, 9 vol. (tomes I à IX.) — Zoologie, 4 vol. (tomes I à IV). — Botanique, 2 vol. — Minéralogie et Géologie, 1 vol. — Physique, tome I. — Hydrographie, 2 vol. et 1 atlas.
> On a joint les 6 premiers volumes de la *Relation du voyage*, en demi-rel. bas. violette.

---

91. Discours sur l'histoire universelle, par J.-B. Bossuet, *Paris, Mabre-Cramoisy*, 1681, in-4, v. ant. gran.

> Édition originale.
> Armoiries sur le dos de la reliure.

---

92. Cæsaris S. R. E. Card. Baronii. Raynaldi et J. Laderchii, congregationis Oratorii presbyterorum, Annales ecclesiastici denuo excusi et ad nostra usque tempora perducti ab Augustino Theiner, ejusdem congregationis presbytero, sanctiorum tabularum Vaticani, præfecto, etc., etc. *Parisiis, Palmé*, 1864-1883, 37 vol. in-4 à 2 col. br.

93. GALLIA CHRISTIANA. Editio altera Ed. Dom. P. Piolin. *Parisiis, Palmé*, 1870-1877, 7 vol. in-fol. à 2 col. br.

> Tomes I à V, XI et XIII, les seuls publiés.

94. L'Abbaye de Sainte-Geneviève et la Congrégation de France, précédée de la vie de la patronne de Paris, par M. l'abbé Féret. *Paris, Champion*, 1883, 2 vol. in-8, br.

95. ACTES ET HISTOIRE DU CONCILE ŒCUMÉNIQUE de Rome, premier du Vatican, publiés sous la direction de Victor Frond. *Paris, Abel Pilon, éditeur, et Lemercier, imprimeur*, 1869-1870, in-fol. fig. et pl. en chromolith. en feuilles dans 7 cartons.

> Seule publication officiellement autorisée par la cour de Rome.
> Exemplaire de SOUSCRIPTION.

96. Les Moines d'Occident, par le comte de Montalembert. *Paris, Lecoffre*, 1860-1877, 7 vol. in-8, br.

97. ACTA SANCTORUM quotquot toto orbe coluntur, collegit, digessit, notis illustravit J. Ballendus ; operam et studium contulit G. Henschenius. Editio novissima, curante J. Carnandet. *Parisiis, Palmé, s. d.* 62 vol. — Supplementum, volumen complectens cura et opera L. M. Rigollot, 1 vol. — Ens. 63 vol. in-fol. à 2 col. cart. non rog.

98. Essai sur les légendes pieuses du moyen âge, par L.-F.-Alfred Maury. *Paris, Ladrange*, 1843, in-8, cart. non rog.

99. Histoire des variations des églises protestantes, par Jac.-B. Bossuet. *Paris, Mabre-Cramoisy*, 1688, 2 vol. in-4, v. brun ant.

> EDITION ORIGINALE.

---

100. Dictys Cretensis de bello Trojano et Dares Phrygius de excidio Trojæ. Cum notis ad Dictym. *Amsterodami, apud Blaeuw*, 1630, in-32, titre gr. mar. r. fil. et comp. dor. tr. dor. (*Rel. anc.*)

> Exemplaire réglé.
> Hauteur : 107 mill.

101. Joan. Sleidani de quatuor summis imperiis libri tres. *Lugd. Batavorum, ex officina Elzeviriana*, 1624, in-12, mar. r. dos orné, fil. tr. dor. (*Rel. anc.*)

> Exemplaire réglé de cette édition, la PREMIÈRE sortie des presses des Elzevier.
> Hauteur : 132 mill.

102. Titi Livii Historiarum libri ex recensione J.-F. Gronovii,
3 vol. — J.-F. Gronovii ad Livii Patavini libros superstites
notæ. 1 vol. — *Lugd. Batavorum, ex officina Elzeviriana*,
1645. — Ens. 4 vol. in-12, titres gr. vélin à recouvr.

> Jolie édition recherchée.
> Hauteur : 127 mill.

103. Les Cinq Premiers Livres des histoires de Polybe Mega-
lopolitein, avec trois parcelles du VIe, un du VIIe, un du
VIIIe et un du XVIe. Autrefois traduits et mis en lumière par
L. Maigret, et derechef revuz, corrigez et renduz plus en-
tiers par lui sur l'exemplaire grec. Ausquelz de nouveau
sont ajoutées les subséquentes parcelles des livres IX, X,
XI, XII, XIII, XIIII, XV, XVII. Toutes traduites par lui sur
l'exemplaire grec. *A Lion, par Ian de Tournes*, 1558, in-fol.
titre avec encadrement sur bois, v. f. ant.

> Exemplaire aux armes du comte d'HOYM.

104. C. C. Sallustius quæ exstant omnia opera, curante J. L.
Burnouf. *Parisiis, Lemaire*, 1821, in-8, demi-rel. chag.
bleu avec coins, fil. tr. marb. (*Corfmat.*)

> Exemplaire sur PAPIER FIN, rare.

105. Les Commentaires de César (par Perrot d'Ablancourt).
Troisième édition revue et corrigée. *Paris, Courbé*, 1658, in-4,
front. et carte, mar. r. dos orné et comp. à la Du Seuil.
(*Rel. anc.*)

> Exemplaire sur GRAND PAPIER.

106. Geoffroi de Ville-Hardouin. Conquête de Constantinople,
texte original accompagné d'une traduction par M. Natalis
de Wailly. *Paris, Firmin Didot*, 1874, gr. in-8, fig. br.

II. HISTOIRE DE FRANCE. — DIVERS

107. Les Chroniqueurs de l'Histoire de France depuis les ori-
gines jusqu'au XVIe siècle. Texte abrégé, coordonné et traduit par Mme de Witt, née Guizot. Ouvrage contenant envi-
ron 35 planches en chromolithographie et 1000 gravures.
Paris, Hachette, 1883, livr. 1 à 118, fig. en feuilles.

108. Abrégé chronologique ou extraict de l'histoire de France,
par le sieur de Mézeray. *Paris, Billaine*, 1668, 3 vol. in-4,
portraits, v. ant. gran.

109. Les Coustumes générales et particulières de France et des Gaules, corrigées et annotées de plusieurs décisions, arrests et aultres choses notables, diligemment et fidellement par M. Charles Du Moulin. Augmentées en ceste nouvelle édition de plusieurs coustumes,..... avec des tables fort amples, par Gabriel Michel. *Paris, Morel,* 1604, 2 vol. in-fol. bas. ant.

> Les plats du premier volume portent : « *Pour le parquet du Grand Conseil* » avec les armes de HENRI IV.
> Reliure fatiguée.

110. Histoire abrégée de la vie et des exploits de Jeanne D'Arc surnommée la Pucelle d'Orléans, par M. Jollois. *Paris, Didot l'aîné,* 1821, in-fol. front. et planches gravées à l'eau-forte, demi-rel. v. brun, ébarbé.

111. Histoire de la Révolution française, par M. A. Thiers. *Paris, Lecointe,* 1834, 10 vol. in-8, fig. et cartes, demi-rel. mar. violet à long grain, tr. marb.

112. Lettres bougrement patriotiques du véritable père Duchêne. *S. l. (Paris),* 1790-1792, 300 numéros en 5 vol. in-8, demi-rel. chag. noir.

> Lettres 1 à 300.
> Ces lettres ne sont pas à proprement parler un journal, mais une suite de conseils, d'instructions qui s'adressaient à l'Assemblée, au peuple et surtout à l'armée. L'auteur en est un nommé Lemaire, auteur de quelques publications semblables, dont le nom a été éclipsé par la renommée d'Hébert.

113. Révolutions de Paris, dédiées à la nation et au district des Petits Augustins, publiées par le sieur Prudhomme à l'époque du 12 juillet 1789. *Paris,* 1789-1794, 225 numéros en 18 vol. in-8, fig. cartes, bas. ant.

> Un des journaux les plus intéressants pour l'histoire de Paris depuis le 12 juillet 1789 jusqu'au 28 février 1794. Quelques numéros sont en double; le n° 156 manque.

114. Paris dans l'eau, par Eugène Briffaut, illustré par Bertall. *Paris, Hetzel,* 1844, pet. in-8, fig. demi-rel. chag. r.

115. Revue de Champagne et de Brie. *Paris, Menu,* 1876-juin 1886, 12 vol. in-8, demi-rel. bas. brune et livraisons.

> Les années 1876-1882 (1er semestre) sont reliées, les années 1882 (2e semestre) 1886 en livraisons.
> Manque la livraison de septembre 1885.

116. L'Espagne et le Portugal, ou Mœurs, usages et costumes
des habitants de ces royaumes par M. Breton. *Paris,
Nepveu,* 1815, 6 vol. in-24, fig. en couleur, v. jasp. dent.
tr. dor.

117. Histoire de Charles XII, roi de Suède, par Voltaire.
Paris, F. Didot l'aîné, 1817, in-8, v. brun, tr. dor. (*Simier.*)

De la *Collection des meilleurs ouvrages de la langue française.*
Exemplaire sur PAPIER FIN.

118. Histoire philosophique et politique des établissemens et
du commerce des Européens dans les deux Indes, par Guill.-
Thomas Raynal. *Genève, Pellet,* 1780, 4 vol. in-4, fig. et
atlas, v. ant. éc. dent. tr. marb.

III. NOBLESSE. — ARCHÉOLOGIE. — CHARTES

119. Traité des Tournois, joustes, carrousels et autres spec-
tacles publics (par le P. Cl.-Fr. Menestrier). *Lyon, Muguet,*
1669, in-4, fig. v. ant. gran.

Mouillures.

120. Dictionnaire généalogique héraldique chronologique et
historique, par M. D. L. C. D. B. (Lachesnaye des Bois).
Paris, Duchesne, 1757, 7 vol. pet. in-8 à 2 col. v. ant. marb.

121. Armorial général, ou Registres de la Noblesse de France,
par L.-P. d'Hozier et d'Hozier de Sérigny, *Paris, Firmin
Didot,* 1865-66, in-4, fig. de blasons, br.

I à VII.

122. Critique du Nobiliaire de Provence. *S. l. n. d.* in-fol. cart.

MANUSCRIT sur papier de la fin du XVII° siècle, composé de 112 ff.
contenant : L'épurement de la Noblesse du Païs ; la différence des nobles
de sang et d'origine, gentilshommes de nom et d'armes d'avec les
nobles de race ; Observations contre les usurpateurs de la noblesse ;
Notes sur les familles nobles éteintes dont d'autres ont pris le nom et
les armes, etc., etc.

123. TRÉSOR DE NUMISMATIQUE ET DE GLYPTIQUE, ou Recueil général de médailles, monnaies, pierres gravées et bas-reliefs,
tant anciens que modernes, les plus intéressans sous le
rapport de l'art et de l'histoire, gravé d'après le procédé de
M. Ach. Collas, sous la direction de MM. P. Delaroche et
Henriquel-Dupont, avec un texte par M. Ch. Lenormant.

Paris, Rittner et Goupil, 1834-1836, 10 tomes en 3 vol. in-fol. cart. non rog. et livr. diverses.

> Sceaux des rois et reines de France. — Médailles françaises depuis Charles VII et Louis XVI. 2e partie. — Médailles ciselées et coulées en Italie aux xve et xvie siècles. — Bas-reliefs du Parthénon et du temple de Phigalle. — Médailles d'Italie, 2e partie. — Recueil général de bas-reliefs et d'ornements. — Sceaux des grands feudataires. — Sceaux des rois et reines d'Angleterre. — Médailles françaises de Charles VII à Louis XVI, 1re partie. — Médailles de la Révolution (rel. en 3 vol.). — Médailles de l'Empire, livr. 1 à 8. — Iconographie des empereurs romains, livr. 1 à 3. — Médailles françaises, 3e partie, livr. 1 à 7. — Médailles des papes, livr. 1 à 9. — Sceaux des communes, etc., livr. 1 à 4. — Recueil général de bas-reliefs, 2e partie, livr. 1 à 3. — Nouvelle galerie mythologique, livr. 1 à 3. — Numismatique des rois grecs, livr. 1 à 7.

124. Histoire de la littérature française de 1814 à 1830 et de 1830 à 1848, par Alfr. Nettement. *Paris, Lecoffre*, 1858, 4 vol. in-8, demi-rel. chag. vert.

125. Bibliothèque de l'École des Chartes, revue d'érudition consacrée spécialement à l'étude du moyen âge. *Paris, Picard*, 1883 à 1888, 6 années en fascicules in-8, br.

126. INVENTAIRE DU TRÉSOR DES CHARTES. *S. l. n. d.* 18 tomes en 12 vol. in-fol. v. f. ant.

> Copie de l'inventaire de P. Dupuy (1615-1626) qui est aux Archives nationales.
> Pierre Dupuy, avocat au Parlement, fut chargé d'inventorier le *Trésor des chartes* et s'acquitta de cet office entre les années 1615 et 1626.
> Les originaux de son inventaire sont conservés aux Archives nationales à la suite du *Trésor*.
> Le *Trésor des chartes* comprend une foule de pièces originales depuis le xiie siècle jusqu'au xviie, classées par gouvernements sous la rubrique : *Ile-de-France, Orléanais, Champagne, Normandie, Picardie, Bretagne, Bourgogne, Lyonnais, Dauphiné, Provence, Guienne, Languedoc* qui sont suivies de la grande classe dite mélanges, où sont réunies des pièces diverses, actes du roi et des grands seigneurs, bulles des papes, croisades, procès des Templiers, finances, villes de France, relations avec les pays étrangers, surtout l'Angleterre et l'Espagne.
> On ajoute à cette collection un volume de 640 ff. et de reliure uniforme intitulé : *Inventaire des chartes et titres trouvés dans la chambre des comptes de La Fère touchant les maisons de Luxembourg, Vendôme, Bourbon et Navarre.*

127. Cartæ regis Philippi Augusti atque regis Ludovici patris sui. — In-fol. peau de mouton.

> Copie MANUSCRITE sur papier du siècle dernier du *Cartulaire de Philippe-Auguste*, contenant 38 ff. d'index, 316 ff. de texte et 53 ff. de table. Taches d'humidité.

128. Archives de l'Empire. Inventaires et documents. *Paris, Imprimerie impériale*, 1863-1868, 4 vol. in-4, br.

> Inventaire général sommaire des archives de l'Empire, 1 vol. (*Très

rare, l'édition ayant été mise au pilon.) — Collection de sceaux, par M. Douët d'Arcq. Première partie, 3 vol.
On a ajouté : Rapport sur les archives nationales, par M. Alfred Maury, 1878, in-8, br.

129. Inventaire des titres et papiers des seigneuries de Lamotte, Vouzon et autres dépendances qui se sont trouvez dans le château de Lamotte le 15 octobre 1691. *S. l. n. d.* in-fol. parch.

Copie MANUSCRITE sur papier faite dans le courant du XVIIIe siècle.

130. Taxes faictes sur les officiers des élections pour jouir de seize sols pour paroisse et vingt sols aux greffiers. Me Jean Martineau, trésorier; Lebeau, procureur. In-4, vélin, fil.

MANUSCRIT du XVIIe siècle sur PEAU DE VÉLIN contenant 398 ff.

131. Études historiques sur les cartes à jouer, principalement sur les cartes françaises, etc., par C. Leber. *Paris*, 1842, in-8, fig. en couleur, cart. non rog.

Extraites des *Mémoires et dissertations sur les antiquités nationales et étrangères publiées par la Société royale des antiquaires de France.*

IV. BIBLIOGRAPHIE. — BIOGRAPHIE. — JOURNAUX

132. LE PALAIS MAZARIN et les habitations de ville et de campagne au XVIIe siècle, par le comte de Laborde. *Paris, Franck*, 1845-1846, 2 vol. in-8, planches, demi-rel. v. brun.

Quatrième lettre sur l'organisation des bibliothèques dans Paris, avec le volume des *Notes*. En tête du premier volume est ajoutée une lettre autographe de l'auteur, relative à cet ouvrage ; on a également ajouté : La *Première lettre : La Bibliothèque royale occupe le centre topographique et intellectuel de la ville de Paris*, 1845, br. in-8, et la *Deuxième lettre : Revue critique des objets présentés pour le déplacement de la Bibliothèque royale*, 1845, br. in-8.

133. Bibliographie instructive, ou Traité de la connoissance des livres rares et singuliers, par Guillaume-François de Bure le Jeune. *Paris*, 1763-1768, 7 vol. in-8, v. ant. marb. (*Deróme.*)

134. Jo. Alberti Fabricii Bibliotheca græca, sive notitia scriptorum veterum græcorum quorumcunque monumenta integra, aut fragmenta edita extant. Editio tertia. *Hamburgi*, 1718-1728, 14 vol. pet. in-4, portr. v. brun ant.

Ouvrage savant et recherché sur la littérature grecque.

135. Bibliothèque françoise, par l'abbé Goujet. *Paris, Mariette,*
1741-1746, 18 tomes en 17 vol. in-12, v. f. ant. tr. dor.

136. Dictionnaire critique, littéraire et bibliographique des
principaux livres condamnés au feu, etc., par G. Peignot.
Paris, Renouard, 1806, 2 tomes en 1 vol. in-8, demi-rel.
mar. br.

137. Inventaire de la collection d'estampes, relatives à l'histoire de France léguée en 1863 à la Bibliothèque nationale
par M. Michel Hennin, rédigé par M. Georges Duplessis.
Paris, Menu et Picard, 1877-1881, 3 tomes en 6 vol. in-8,
pap. de Holl. br.

   Tomes I à III.

138. Liste des portraits dessinés, gravés ou lithographiés,
des députés de l'Assemblée nationale de 1789, avec l'indi-
cation de leur format et le nom des artistes à qui ils sont
dus, précédés d'une courte notice biographique sur chaque
personnage par Soliman Lieutaud. *Paris,* 1854, in-8, demi-
rel. v. f.

   On a relié avec ce volume les ouvrages suivants du même auteur :
   Recherches sur les personnages nés en Champagne dont il existe des
   portraits, etc. *Paris,* 1856, 128 pp. — Liste alphabétique de portraits
   de personnages nés en Lorraine, pays messin, etc. *Paris,* 1862. 240 pp.
   — Liste alphabétique de portraits de personnages nés dans le départe-
   ment de l'Aisne, etc. 32 pp. — Maison de Noailles, 16 pp. — Liste
   de quelques portraits, 16 pp. — Catalogue des portraits français et
   étrangers de la collection de feu M. Soliman Lieutaud. *Paris,* 1881,
   70 pp.

139. Catalogus codicum manuscriptorum Bibliothecæ Regiæ
(auctore Aniceti Melot). *Parisiis, e typ. reg.,* 1739-1714, 4 vol.
— Catalogu des livres imprimez de la Bibliothèque du Roy
(par les abbés Sallier et Boudot). *Paris, Impr. royale,* 1739-
1750, 6 vol. — Ens. 10 vol. in-fol. v. ant. gran.

---

140. Les Vies des hommes illustres grecs et romains compa-
rées l'une avec l'autre par Plutarque de Chæronée, translatées par M. Jaques Amyot. Enrichies d'analyses sommaires.
Plus y ont esté adjoustées les vies d'Epaminondas, de Phi-
lippe, etc. par S. G. S. *Paris, Abel l'Angelier,* 1584, in-fol.
fig. v. ant. gran.

141. Œuvres du seigneur de Brantôme. Nouvelle édition
accompagnée de remarques historiques et critiques (par

Le Duchat, Lancelot et Prosp. Marchand). *La Haye, aux dépens du Libraire,* 1740, 15 vol. pet. in-12, front. v. f. ant.

Bel exemplaire de cette jolie édition.
Hauteur : 131 mill.

142. Dictionnaire universel des contemporains, par G. Vapereau. *Paris, Hachétte,* 1858, fort vol. in-8 à 2 col. demi-rel. chag. brun, plats toile.

143. Mémoires du Vénitien J. Casanova du Seingalt, extraits de ses manuscrits originaux publiés en Allemagne par G. de Schutz et traduits par M. Aubert de Vitry. *Paris, Tournachon-Molin,* 1825-1829, 14 vol. in-12, demi-rel. chag. r.

144. Valerii Maximi dictorum factorumq. memorabilium lib. IX, cum J. Lipsii notis et indice uberrimo. *Lugd. Batav. apud Fr. Hegerum,* 1640, in-12, titre gr. mar. r. fil. et comp. dor. tr. dor. (*Rel. anc.*)

---

145. Almanachs Gotha. *Gotha, Perthes,* 1816-1853, 36 vol. in-32, portr. cart.

Années 1816 à 1853, sauf les années 1832 et 1851 qui manquent.

146. LE MONITEUR UNIVERSEL. *Paris,* 1789 (*n° 1, mardi 24 novembre*) à 1861 (*30 juin*), 168 vol. in-fol. in-plano, demi-rel. bas. unif.

Ce journal est ainsi divisé : Introduction, 1 vol.; Moniteur de 1789 à 1852, 147 vol.; de 1853 à 1861, 17 vol. in plano; Table alphabétique, 2 tomes en 1 vol.; Tables des matières de 1799 à 1824, 2 vol.; Journal universel publié à Gand pendant le séjour de Louis XVIII en 1815.

LIVRES EN LOTS

Paris. — Typ. G. Chamerot, 19, rue des Saints-Pères. — 24291.